AF591904

1612

Edict du Roy,

PORTANT SVPPRESSION DES GREFFIERS des Parroisses, & en leur lieu la creation en tiltre d'office hereditaire, des Commissaires à faire les Roolles des Tailles, & autres deniers, tant ordinaires, que extraordinaires, & de l'impost du sel.

Publié en la Court des Aydes en Normandie l'audience seant, le 27. Octobre 1617.

A ROVEN.
DE L'IMPRIMERIE,
De MARTIN LE MESGISSIER, Imprimeur ordinaire du Roy, tenant sa boutique au haut des degrez du Palais.

1617.

Auec priuilege dudict Seigneur.

(9)

LOVIS PAR LA GRACE DE DIEV, ROY DE FRANCE ET DE NAVARRE : à tous presens & aduenir, Salut. Le secours que nous auons tiré depuis quelques années des deniers qui sont prouenus de plusieurs moyens extraordinaires, ayant esté entierement consommé par les despences excessiues ausquelles les mouuemens passez & l'execution du Traicté de Loudun nous auoient obligez, Maintenant qu'aucuns de ceux qui par le moyen dudit Traicté auoiēt esté remis en nostre grace, & reçeu de nous tous les fauorables traictemens qu'ils pouuoient desirer, Mettans en oubly les effects de nostre bonté, leur debuoir naturel & leurs promesses publiquemēt & solemnellement faites lors dudit Traicté de Loudun, se sont esleuez en armes contre nostre authorité en diuerses Prouinces de nostre Royaume, & essayent par leurs menées d'alliener l'affection & fidelité de plusieurs de nos subjectz, pour à leur exẽple les porter cõtre tout droict à vne generalle rebellion à la ruine de nostre authorité Royalle & de nostre Estat, Nous sommes forcez pour reprimer leurs entreprises, & dõner le repos a noisdicts subjectz de mettre sur pied de grandes armées, Et à cause de ce, contraincts rechercher d'autres moyẽs extraordinaires qui soient d'vn prõpt secours, Mais desirans que ce soit auec le moins d'incõmodité à nostre peuple que faire ce pourra: Nous nous sommes arrestez à ceux desquels la charge est cõme insensible, & dont l'establissement nous à semblé necessaire, C'est pourquoy apres auoir consideréqu'en nostre Prouince de Normandie ainsi que aux autres de nostre Royaume, la suppression ordonnée par l'Edict du regallement general de nos Tailles du mois de Mars mil six cens des Greffiers desdictes Tailles establys en chacune parroisse, n'auoit apporté le fruict qui en estoit esperé, Pource qu'au lieu de certaines personnes qui en leur particulier soubz les peines de noz ordonnances estoiẽt responsables des ratures & chãgemens qui se trouuoient aux Roolles des assiettes, Aujourd'huy la nomination desdicts Greffiers dependãt des principaux habitans desdictes parroisses, iceux habitans prennẽt le premier Clerc qu'ils rencontrẽt, Et s'il y a quelque faute audit Roolle, s'excusent sur son insuffisance, & s'en preualẽt à leur proffit particulier, & au dommage du general de la parroisse, D'ailleurs que cest ordre ainsi estably nous fait reçeuoir beaucoup de prejudice, en ce que souuẽt les habitãs des parroisses n'estãs excitez par personnes interessez à faire lesdictes assiettes, le premier terme du payemẽt se trouue expiré auant qu'ils y ayent trauaillé, Nous auons jugé à propos de creer en nostredite Prouince de Normãdie, ainsi que nous auõs faict ailleurs : des Commissaires pour proceder à la confection des Roolles de nosdites Tailles & de l'Impost du sel, qui seroiẽt establys sur certain nombre de parroisses pour auoir plus d'occupation, & estre en moindre nombre que n'estoient les susdicts Greffiers lors de leur creation, Et leur attribuer iusques à douze deniers pour liure pour leurs droicts, Tant pour leur donner vn sallaire raisonnable dõt ils ayent moyen de s'entretenir : que pour retirer vne plus grande vtillité de la vente desdicts offices, pour subuenir à nosdites affaires, SCAVOIR faisons qu'apres auoir mis cest affaire en deliberation en nostre Conseil d'Estat, où estoit la Royne nostre tres honorée Dame & Mere, aucuns Princes de nostre sang, & autres Princes, officiers de nostre Couronne, & plusieurs grands & notables personnages de nostredit Cõseil, De leur aduis, & de nostre certaine science plaine puissance & authorité Royalle, Avons par nostre present Edict perpetuel & irreuocable, Esteinct & supprimé esteignons & supprimõs tous les offices de Greffiers des Tailles des parroisses dépendans des Eslections de nostre Prouince de Normandie cy deuant creez, & qui sont encores exerçez par quelque personne que ce soit, A la charge de rembourser les proprietaires desdits offices exerçez de la finance par eux actuellement payée en nos coffres auant que d'estre dépossedez, Et pour doresnauant escrire & dresser les Roolles des assiettes de nos Tailles, ensemble ceux de l'impost du sel, Nous auõs par nostredit presẽt Edict creé & erigé estably & ordõné, creons, erigeõs, establissons & ordonnõs en chef & tiltre d'offices formez & hereditaires, des Commissaires à faire & escrire les Roolles des assiettes & departemens de toutes & chacunes les leuées qui se feront doresnauant par noz lettres de Commission& assiettes particulieres, Tant pour les deniers de nos Tailles, Taillon, Cruës ordinaires & extraordinaires & dudict Impost du sel, que pour quelque cause & occasion que ce soit, sur tous les cõtribuables ausdites Tailles & subjects audict Impost du sel en nostre Prouince de Normandie, Le tout selon les taxes & cotisations qui seront faites par les asseeurs de chacune parroisse, choisiz & nommez par les habitans d'icelles en la forme accoustumée, Ausquelles taxes & cottisatiõs iceux asseeurs procederont sans aucune discontinuation aux iours qui leur seront prefix par le Commissaire de leur parroisse, lequel ne pourra estre aucunement responsable des taux & surtaux que feront lesdits asseeurs ny cõprins au reject d'iceux sur lesdits contribuables, dont nous les auons exceptez & deschargez, Chacun desquels Commissaires sera estably surquatre, cinq où six parroisses, lesquelles contiendront ensemble depuis quatre cens iusques à six cens feuz, plus ou moins selon la distance des lieux, & sera jugé raisonnable pour la commodité desdites parroisses & facille confection desdicts Roolles, Auquel Commissaire nous auons attribué & attribuõs pour ses peines fraiz, sallaires & vaccations douze deniers tournois pour liure de tout ce qui sera imposé dans l'estenduë de sa charge, Au lieu de six deniers pour liure attribuez ausdicts Greffiers par les Edicts de leur establissement, Et à ceste fin nous auons pour ce qui regarde le droict desdicts Commissaires de l'assiette de noz Tailles, ordonné par noz lettres de Commission du principal de la Taille, Taillon & cruës ordinaires & extraordinaires de l'année presente, Que ledict droict de douze deniers tournois seroit assis imposé & leué conjoinctement auec nos deniers, Ce qui sera ainsi faict & continué pour toutes les autres leuées qui se feront à l'aduenir sur lesdites parroisses, pour leur estre payé par les mains des collecteurs, comme il est porté par nosdictes lettres de commission, Et pour le regard du droict des Commissaires de l'Impost du sel, Nous voulons & entendõs que le prix dudict Impost soit augmenté desdits douze deniers pour liure, & iceux assiz & imposez conjoinctement auec le prix du sel, Et à ceste fin employez & comprins dans les Commissions qui s'expedieront par chacun an pour la leuée dudit Impost, Et a ce que lesdicts Commissaires puissent vacquer plus soigneusement

ſoigneuſement & aſſiduëment à l'exercice de leurs charges ſans diuertiſſement, Nous les auõs exemptez & exemptons de toutes charges de Tutelle, Curatelle, d'eſtre eſtablys Cõmiſſaires & gardiens des biens ſaiſis par authorité de Iuſtice, & de la collecte de noſdictes Tailles, Taillon, Cruës, & dudit Impoſt du ſel, Deſquelles exemptiõs nous voullons que leſdicts Cõmiſſaires joüiſſent ſans aucun empeſchemẽt ny difficulté, enſemble des autres priuilleges cy deuant attribuez auſdicts Greffiers ſupprimez, deſquels ils ont joüy. SI DONNONS EN MANDEMENT à noz amez & feaux Conſeillers, Les Gens tenans noſtre Cour des Aydes à Roüen, que ces preſentes ils facẽt lire, publier & regiſtrer, & le cõtenu en icelles inuiolablemẽt entretenir, garder & obſeruer, Ceſſant & faiſant ceſſer tous troubles & empeſchemẽs au contraire, nonobſtant oppoſitions où appellations quelscõques, Enjoignõs à noſtre Procureur General en noſtredite Court, que leſdites lecture, publication & regiſtremens faicts, il aye à enuoyer promptement noſtredit Edict & arreſt d'enregiſtrement d'iceluy en chacune des Eſlections & Greniers à ſel de noſtredite Prouince de Normãdie, à ce que les officiers d'iceux n'en pretendent cause d'ignorance, & qu'ils ayent à y obeyr, Ce que leur enjoignons de faire, à peine d'en respondre en leur propre & priué nom, CAR TEL est nostre plaisir, Nonobstant aussi tous Edicts, Ordonnances, Reglemens, Clameur de haro, Chartre Normande, prise à partie, chartres, lettres & choses à ce contraires, ausquelles & aux derogatoires des derogatoires y contenuës, Nous auons de nostre plaine puissance & authorité derogé & derogeons, Et affin que ce soit chose ferme & stable à tousiours, faict mettre nostre nostre seel à cesdictes presentes. DONNE' à Paris au mois de Mars, L'an de grace mil six cens dixsept, Et de nostre regne le septiesme. Signé, LOVIS. Et plus bas, Par le Roy estant en son Conseil. Signé, Potier, & à costé est escript, VISA. Et seellé du grand seel sur double queuë en lacz de soye rouge & verte en cire verte, & Signé en queuë Barbin, Et au marge est escript.

Leuz & publiez en la Court des Aydes en Normandie l'audience seant, & registrées au Greffe, pour auoir lieu suiuant & aux charges portez par l'arrest de ladite Court du vingt-septiesme Octobre mil six cens dixsept.

Signé, DE PLANES.

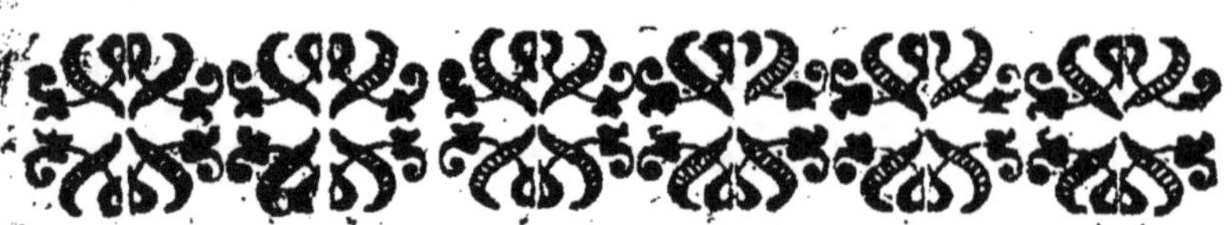

EXTRAICT DES REGISTRES *du Conseil d'Estat.*

LE ROY s'estant faict representer en son Conseil les moyens ordinaires & extraordinaires, dont sa Majesté faict estat pour subuenir aux grandes & excessiues despences, qu'elle est contraincte de supporter aux occasions presentes, pour dõner vne paix generale en son Estat au bien & repos de ses subjects, entre autres l'Edict faict par sa Majesté au mois de Nouembre dernier, pour la creation des offices de Commissaires à faire les roolles des Tailles & impost du sel des parroisses. VEV ledict Edict, les arrests & reiglemens faicts audict Conseil dés douziesme & dixneufiesme Ianuier, premier Feburier & vingt-vniesme Mars derniers, pour la vente & establissement desdicts offices. SA MAIESTE' EN SON CONSEIL, A ordonné & ordonne, que la vente des offices de Commissaires à faire & escrire les roolles des Tailles & Impost du sel des parroisses, crées par son Edict du mois de Nouembre dernier, sera continuée & parachevée és lieux où il reste à establir au ressort de ses Cours des Aydes où ledict Edict a esté veriffié, & que celuy par elle n'agueres enuoyé en sa Cour des Aydes à Roüen, pour la creation & establissement desdicts offices en son pays & Duché de Normandie aura lieu, & que la verification & registrement sera poursuyuie & demandée par ses Aduocat & Procureur Generaux en ladicte Cour, ausquels sa Majesté enjoinct faire toutes les requisitions & diligences à ce necessaires. Faict au Conseil d'Estat du Roy, tenu à Paris le douziesme iour de May, mil six cens dix-sept.

Signé, BAVDOVYN.

EXTRAICT DES REGISTRES de la Court des Aydes en Normandie.

VEV par la Court les Lettres patentes du Roy en forme d'Edict, données à Paris au mois de Mars dernier, Par lesquelles pour les causes & considerations y contenuës, Sa Majesté auroit esteinct & supprimé tous les offices de Greffiers des Tailles des parroisses depēdantes des Eslections de ceste Prouince, cy deuāt creez & encor exerçez : A la charge de rembourser les proprietaires desdicts offices de la finance par eux payée aux coffres dudict Seigneur, Et pour doresnauāt escrire & dresser les Roolles des Tailles & Impost du sel, Sadicte Majesté crée, erige & establit en tiltre d'offices formez & hereditaires, des offices de Cōmissaires à faire & escrire les Roolles des assiettes & departements de toutes & chacunes les leuées qui se feront doresnauant par ses Lettres de commission & assiettes particulieres, tant pour les deniers desdictes Tailles, Taillon, cruës ordinaires & extraordinaires, que dudit Impost du sel, & pour quelque autre cause & occasion que ce soit, sur tous les contribuables ausdites Tailles & subjectz audit impost du sel, le tout selõ les cottisatiõs qui serõt faites par les assietteurs de chacune parroisse, ausquelles lesdicts assietteurs procederont sans discontinuation, aux iours qui leur serõt prefix par lesdicts commissaires, qui ne seront aucunemẽt responsables desdites cottisations, ny compris au reject d'icelles: dont ils auroient esté exceptez & deschargez: Chacun desquels Cõmissaires sera estably sur quatre, cinq où six parroisses, lesquelles contiendront ensemble depuis quatre cens jusques à six cens feuz plus où moins selon la distance des lieux: & sera jugé raisonnable pour la cõmodité desdictes parroisses & facille confection desdicts Roolles, Ausquels Commissaires sadite Majesté attribuë pour leurs peines sallaires & vaccations, douze deniers pour liure de tout ce qui sera imposé dans l'estenduë de leur charge, au lieu de six deniers attribuez ausdits Greffiers, Lequel droict sera leué auec lesdictes Tailles, ainsi qu'il à ja esté ordonné par sadite Majesté pour ceste année, par ses Lettres de commission du principal de la Taille, Taillon & cruës ordinaires & extraordinaires, pour leur en estre faict payemẽt par les mains des collecteurs desdictes parroisses; Et pour le regard de l'Impost du sel, qu'il sera augmenté desdits douze deniers pour liure accordez ausdicts commissaires; qui seront conjoinctement assis auec les autres prix leuez sur ledict sel, Voulant outre ledict Seigneur, que tous lesdicts Commissaires soient & demeurent deschargez de Tutelles, Curatelles, commissions de gardes de biens, collection desdictes Tailles & Impost du sel, & joüissent des autres priuileges attribuez ausdicts Greffiers suprimez, cõme plus au long lesdictes lettres le contiennent. Arrest du Conseil d'Estat du Roy, du douziéme May en cedict an, Par lequel ledit Seigneur veut que ledit Edict enuoyé en ladite Court ayt lieu, & que la verification en soit poursuyuie par son Procureur General. Lettres de commission dudit iour expediez en consequence dudict arrest. Requeste presentée par le Procureur General du Roy, aux fins de ladite verificatiõ. Autre presentée par le Procureur Sindic des Estats de ceste prouince, à ce qu'il pleust à la Cour le recepuoir opposant à ladite verification. Arrest d'icelle du deuxiéme Aoust en cedict an, donné sur autre opposition formée a ladite verificatiõ, par l'adjudicataire du fournissement general des Greniers à sel de ceste dicte Prouince, Par lequel auoit esté accordé acte ausdicts Procureur General & adjudicataire de leurs soutiens & declarations y contenuës, pour en procedãt à la deliberation dudict Edict, leur estre pourueu ainsi qu'il appartiendroit. Autre arrest du septiesme dudict mois, Par lequel ladite Cour declare soubz le bon plaisir du Roy ne pouuoir entrer en ladicte verification. Autres Lettres patentes de sa Majesté du vingtneufiesme dudit mois, Par lesquelles estoit mandé à la Cour conformément à autres lettres du troisiéme dudit mois, ayants esté esgarez où non presentez à icelle en temps deub, cõtinuer sa seance ordinaire, & ainsi quelle a accoustumé faire aux iours hors vaccations, commencez le quatorziesme dudict Aoust, sans aucunement desemparer du iour de la presentation desdictes lettres, que sadicte Majesté vouloit estre enregistrez sur le champ, leuz & publiez, à ce qu'aucun n'en pretendist cause d'ignoran-

çe,

ce, Et que s'il y auoit aucuns des Presidents & Conseillers d'icelle absents, ils eussent à se rendre incontinent & sans delay en ladicte Court, pour y rendre le seruice deub à sa Majesté. Autres Lettres patentes dudit iour vingt-neufiesme Aoust en forme de Iussion, Par lesquelles estoit mandé à ladicte Court sans attendre autres lettres de sa Majesté, quelle voulloit seruir de finalle Iussion, & tout autre plus exprés commandement que ladicte Court pourroit attendre & desirer dudit Seigneur tant à bouche que par escript, Et sans s'arrester aux Remonstrances quelle desireroit faire pour ce regard, que sadite Majesté tenoit pour oyes & entendües, ny aux oppositions desdicts Procureurs des Estats & adjudicataires, Elle eust tous affaires cessans & sans aucun delay, à proceder à la verification & enregistrement pur & simple dudict Edict, sans y apporter aucune difficulté, attendu l'vrgente necessité des affaires de sadicte Majesté, & l'important secours quelle attendoit de ceste part. Lettres de cachet dudit Seigneur dudict vingt-neufiesme Aoust & troisiesme de Septebre ensuiuant adressantes à ladicte Court, Par lesquelles sa Majesté auroit depputé l'vn de ses Conseillers d'Estat, pour faire entendre à icelle les importantes & necessaires occasions de la cõtinuation de sa sceance & veriffication dudict Edict, a la creance duquel elle vouloit foy estre adjoustée. Autres Requestes presentées par ledict Procureur General du Roy à semblable fin que la precedẽte. Arrest de ladicte Court du septiesme dudict mois de Septembre, Par lequel lesdictes lettres de continuation auoict esté entherinez, & ordõné quelles seroient registrées au Greffe, leuz & publiez en l'audience, Et repris la creance dudict Conseiller d'Estat, exposée à la Court le neufiesme d'iceluy mois. Autre arrest du seiziéme dudit Septembre, Par lequel entre autres choses ladicte Court auoit ordõné que Remonstrãces seroient faictes au Roy sur la consequẽce dudict Edict, par les Conseillers Commissaires à ce par elle depputez. Autres Lettres patentes signez en commandemẽt du quatriesme de ce moys, Par lesquelles sa Majesté ayant faict oyr en son Conseil lesdicts depputez, & considerer leurs Remonstrãces quelle auroit trouuez de bõne part, cessant la necessité des affaires de son Estat. Mande ladicte Court satisfaire promptement a ses commandemẽts, sans s'arrester audict arrest n'y ausdictes Remonstrances ou autres qui pourroiēt estre faites cyapres, attendu que le retardement dont elle auoit vsé est grandement onereux & preiudiciable a ses affaires. Autres Lettres de cachet dudict iour quatriéme de ce mois expediez pour derechef oyr la creance dudict Conseiller d'Estat. Veu aussi le cahier des estats de cestedicte Prouince de l'année derniere article vingt-septiesme, Et apres auoir oy lesdicts Conseillers Commissaires, le dixneufiesme de ce mois, tant sur ce qui à esté par eux representé par lesdites Remonstrāces, que commandement a eux faicts aux fins de ladicte verification, ensemble ledit Conseiller d'Estat, le vingt-quatriesme de cedict mois, & tout consideré. LA COVRT de l'exprés commandement du Roy par plusieurs fois reyteré tant à bouche que par escript, A ordonné & ordonne, que ledict Edict sera leu, publié & registré, pour ioüir par ceux qui seront pourueuz desdits offices des douze deniers pour liure a eux attribuez par ledict Edict, qui seront imposez sur le corps principal de la Taille, Taillon, Crues des Garnisons, & leuees qui se font pour le Gouuerneur de la Prouince, & fraiz de la tenue des Estats d'icelle, ſuiuant les Commiſſions de ſa Maieſté, à la charge qu'aucuns Commiſſaires ne ſeront eſtabliz pour eſcrire & dreſſer les Roolles du ſel diſtribué par Impoſt, Et que l'on ne pourra impoſer leſdicts douze deniers ſur ledict ſel, n'y ſur les deux ſols attribuez aux Collecteurs des Tailles, trois deniers des Receueurs, port des Commiſſions & Mandemens, & autres droicts leuez pour raiſon d'icelles, N'y ſur ce qui pourra eſtre leué pour les affaires particulieres des parroiſſes, Et à ce moyen que la leuée deſdicts ſix deniers ceſſera, Et qu'aucuns ne pourront eſtre pourueuz auſdictes offices que ceux qui ſont à preſent en exercice deſdits Greffes ſupprimez n'ayent eſté rembourſez du prix de leurs offices, auant que d'eſtre depoſſedez, & les Rentes deuës par aucunes parroiſſes pour la ſuppreſſion deſdicts offices acquictez, Et que les communautez ſeront reçeuz à encherir & ſe rendre adjudicataires deſdicts offices de Commiſſaires, & auront en ce faiſant les preferences à tous autres, Au ſurplus que faute par leſdicts Commiſſaires de ſe trouuer au lieu iour & heure dont ils auront conuenu auecq les aſſietteurs, leſdicts aſſietteurs pourront prendre telles personnes qu'ils verront bon estre, pour escrire & dresser leurs Roolles aux despens desdicts Commissaires, Et que soubz le bon plaisir du Roy, ledict Edict sera executé par les Presidents & Conseillers de ladicte Court. Prononcé en la Court des Aydes en Normandie l'audience seant, le vingt-septiesme iour d'Octobre, Mil six cens dixsept.

Signé, DEPLANES.

EXTRAICT DES REGISTRES du Conseil d'Estat.

LE ROY S'ESTANT faict representer en son Conseil son Edict du mois de Mars dernier, verifié & registré en sa Cour des Aydes à Rouen le vingt-septiesme Octobre ensuiuant, par lequel & pour les causes y cõtenuës, Sa Majesté auroit esteinct & supprimé tous les offices de Greffiers des Tailles des parroisses dépendans des Eslections de sa Prouince de Normandie, & au lieu d'iceux creé & erigé en tiltre d'office formé & hereditaire des Commissaires à faire & escripre les Roolles des assiettes & departemens de toutes & chacunes les leuées qui se feront doresnauant par ses Lettres de Commission & assiettes particulieres, Tant pour les deniers desdictes Tailles, Taillon, cruë des Garnisons, que autres cruës ordinaires &

extraordinaires, & de l'Impost du sel, Ausquels Commissaires ladicte Majesté a attribué pour leurs peines, fraiz, sallaires & vaccations, douze deniers tournois pour liure de tout ce qui sera imposé dans l'estenduë & departement de chacun desdicts Commissaires, au lieu des six deniers pour liure attribuez ausdicts Greffiers par les Edicts de leur establissement, ainsi que plus à plain est contenu par ledict Edict, Sa Majesté en sondict Conseil à ordonné & ordonne, qu'en execution dudict Edict, les Commissaires par elle à ceste fin deputez, feront proclamer lesdicts offices sur le pied du denier sept, Procederont à la vente & adjudication d'iceux en heredité, par simples encheres, tiercemens & doublemens, au plus offrant & dernier encherisseur : selon le pouuoir & commission qui leur en seront expediées, Et que les deniers qui prouiendront de la vente desdicts offices de Commissaires hereditaires, & d'vn sol pour liure que seront tenuz payer les adjudicataires d'iceux : outre le prix principal de leur adjudication, pour employer à partie des fraiz de ladicte Commission,

Seront reçeuz par les Tresoriers de ses parties Casuelles, Maistres Honnoré Barentin & Nicolas Seruient, où leurs Cōmis porteurs de leurs quictances, Et que sur icelles lesdicts Commissaires où leurs subdeleguez expedieront leurs contracts de vente ausdicts adjudicataires, suiuant lesquels & en vertu d'iceux : Sans qu'ils soient tenuz obtenir autres prouisions & ratiffications, ny payer autre finance & droict de marc d'or, dont sadicte Majesté les à dispensez & deschargez ; Ils seront reçeuz & mis en possession desdicts offices par les Esleuz & Grenetiers des lieux: Et les droicts de douze deniers pour liure desdictes leuées & impost du sel à eux attribuez, payez par les asseeurs collecteurs desdites parroisses aux termes & comme ils souloient faire les droicts desdicts Greffiers supprimez, Voulant aussi sadicte Majesté que lesdicts adjudicataires ne puissent estre tenuz ny contraincts payer pour les fraiz & actes de leur reception que soixante sols, Asçauoir ausdicts Esleuz & Grenetiers quarante sols, au Procureur de sa Majesté & au Greffier chacun dix sols, sans qu'ils puissent pretendre

tendre ny demander autre plus grand salaire, sur peine de concussion; Permettant en outre sadicte Majesté ausdicts adjudicataires d'exercer lesdictes charges de Commissaires en personne si bon leur semble, où y commettre & iceux affermer à personnes capables, dont ils demeureront responsables ciuillement, lesquels fermiers où Commis qui exerceront actuellement lesdicts offices de Cõmissaires des Tailles & Impost du sel, resident dans vne des parroisses desquels lesdicts offices seront composez, joüiront des priuilleges & exemptions attribuez ausdicts offices; En sorte neantmoings que le nombre des priuillegiez n'excede celuy des titulaires; Et sera le present arrest & reiglement leu & publié au siege des Eslections & Greniers à sel, & és auditoires desdicts Commissaires & leurs subdeleguez, aux iours qu'ils procederont ausdites adjudications, à ce qu'aucun n'en pretende cause d'ignorance. Faict au Conseil d'Estat du Roy, tenu à Paris le seiziesme iour de Nouembre mil six cens dixsept. Signé, de Flecelles.

LOVIS PAR LA GRACE DE DIEU, ROY DE FRANCE ET DE NAVARRE : A Noz amez & feaux, Les Commissaires par nous depputez pour la vente & adjudication des Commissaires des Tailles en nostre Prouince de Normandie, Salut. Nous vous mandons & enjoignons par ses presentes, que l'Arrest cy attaché soubz le contreseel de nostre Chancellerie, par nous ce jourd'huy dōné en nostre Conseil d'Estat, Concernant le reglement que nous voulons estre gardé à la vente & adjudication desdicts offices de Commissaires en heredité, Recepte des deniers de ladicte vente, expeditions des contracts d'iceux : & autres clauses mentionnées audict Arrest, Vous ayez à faire lire & publier aux Sieges des Eslections & Greniers à sel, & en voz auditoires & de voz subdeleguez, aux iours que vous & eux procederez ausdictes adjudications, à ce qu'aucun n'en pretende cause d'ignorance, faisant garder & obseruer le contenu audict Arrest, sans permettre qu'il y soit contreuenu en aucune maniere, Et à tous Huissiers & Sergens faire pour l'entiere execution de nostredict Arrest & ses presentes, tous exploicts, significations, commandements, & autres actes de Iustice, pour ce requis & necessaires: & pour ce que de sesdictes presentes on pourra auoir affaire en plusieurs & diuers lieux: Nous voulons qu'au vidimus d'icelle faict soubz seel Royal, où collationné par l'vn de noz améz & feaux Conseillers, Notaires & Secretaires, foy soit adjoustée comme au present original, De ce faire vous donnons tout pouuoir, auctorité & Mandement special, CAR TEL est nostre plaisir. DONNE' à Paris, le seiziesme iour de Nouembre, l'an de grace mil six cens dixsept, Et de nostre regne le huictiesme. Signé par le Roy en son Conseil. De Flecelles, Et seellées du grand seel de cire jaune sur simple queuë.

OVIS Par la grace de de Dieu, Roy de France & de Nauarre : A Noz amez & feaux Conseillers & Generaux en nostre Cour des Aydes de Normandie, Maistres Charles du Val, Iean de la Mothe, & Iean Bertout : Salut. Nous auons par nostre Edict du mois de Mars dernier, verifié en nostredicte Cour des Aydes, esteinct & supprimé les offices de Greffiers des Tailles des parroisses deppendantes des Eslections de nostredicte Prouince, Et en leur lieu creé & erigé en chef & tiltre d'offices formez & hereditaires, Des Commissaires à faire & escrire les Roolles des assiettes & departemens de toutes & chacunes les leuées qui se feront doresnauant par nos Lettres de Commission & assiettes particulieres, tant pour les deniers de nos Tailles, Taillon, Cruës ordinaires & extraordinaires, & de l'Impost du sel, que pour quelque cause & occasion que ce soit, sur tous les contribuables ausdictes Tailles &

subjectz audict Impost du sel, Pour estre lesdicts Commissaires composez sur quatre, cinq où six parroisses, depuis quatre iusques à six cens feuz, plus où moins, selō la distance des lieux : & qu'il sera jugé raisonnable pour la commodité desdictes parroisses & facille confection desdicts Roolles, ainsi qu'il est plus amplement contenu en nostredict Edict, Arrestz & Reglemens faicts en nostre Conseil, Et estant besoing commettre pour l'execution d'iceux personnages de suffisance & capacité NOVS A CES CAVSES, pour l'entiere congnoissance que nous auons de voz integritez suffisance & grande experience, Vous auōs commis & depputez commettons & depputons vous & chacun de vous en l'absence des deux autres, Pour en nostre nom & en vertu de nostredict Edict & Arrestz, faire & regler tous lesdicts offices de Commissaires des Tailles, & de l'Impost du sel, que vous jugerez debuoir estre establiz en l'estenduë de nostre Generallité de Roüen, & iceux composer de tel nombre de feuz & ainsi que vous aduiserez pour la commodité desdictes parroisses, & bien de nostre seruice en tous les lieux & endroicts du ressort de nostredicte Cour des Aydes,

& en l'estenduë de ladicte generallité de Rouen, Et à ceste fin vous ferez represen-ter par les Greffiers des Eslections & Gre-niers à sel, les assiettes & departemens qui sont en leurs mains desdictes Tailles & le-uées de deniers & de l'Impost du sel, où fe-rez faire la composition desdicts offices en chacune Eslection & Grenier à sel de ladi-cte Generallité par celuy des Presidens, Lieutenans ou Esleuz Grenetiers & Con-trolleurs desdictes Eslections & Greniers à sel d'icelle Generallité, qu'a ceste fin Nous vous donnons pouuoir de cōmettre & sub-deleguer, Et ce faict procederez a la vente & adjudication desdicts offices de Com-missaires hereditaires aux plus offrans & derniers encherisseurs : les solemnitez ac-coustumées, gardées & obseruées, Mesmes par tiercemēs & doublemēs, dās tel temps que vous jugerez conuenable, Lesquels adjudicataires suiuant l'Arrest de nostre Conseil du dixneufiéme de Ianuier dernier pourront exercer lesdictes charges en per-sonne, où y commettre & les affermer à personnes capables, desquels ils demeure-ront responsables ciuillement, & d'iceux offices ferez adjudication soit en particu-lier où en general, par Eslections & Greniers à sel, selon que vous trouuerez nostre condition plus aduantageuse, faisant distinction de chacun office & du prix d'iceluy : A la charge neantmoins que les proprietaires desdicts Greffes cy deuant creez & establiz, ne pourront estre depossedez qu'ils ne soient actuellement prealablement remboursez de la finance qu'ils verifieront par deuant l'vn de vous en l'absence des autres auoir payée sans fraude & desguisement, Pour estre les deniers qui prouiendront des ventes & adjudications desdits offices, Ensemble vn sold pour liure que vous ferez payer aux acquereurs outre le prix principal, pour employer à partie des fraiz de l'execution dudict Edict, payez & mis és mains de noz amez & feaux Conseillers & Tresoriers de nos parties casuelles Maistres Iean de Ligny, Honnoré Barentin & Nicollas Seruient, où leurs Commis porteurs de leurs quictances, sur lesquelles leur seront expediez baillez & deliurez les contracts de vente & adjudications desdicts offices, Sans qu'il soit besoing ausdicts adjudicataires d'obtenir aucune prouision ny ratiffication de nous, n'y payer autre finance & droict de marc d'or, dont nous les auons deschargez & dispensez par ledict

Arrest de nostre Conseil du neufiéme Ianuier dernier, Voulant que les ventes adjudications & establissemens qui seront par
vous faicts soient de tel effect force & vertu que sy ils auoient esté faicts en nostre
Conseil, & lesquels nous auons dés à present vallidez & ratiffiez, vallidons & ratif-
fions par ces presentes, Promettant en foy
& parolle de Roy, auoir pour agreable ferme & stable tout ce qui sera par vous faict,
geré, & negotié en l'execution de nostredict Edict, Arrestz de nostre Conseil, & de
ces presentes, circonstances & dependances, sans souffrir qu'il y soit contreuenu en
en aucune maniere que ce soit, Et à ceste
fin vous mandons, ordonnons, & tres-ex-
pressément enjoignons, que toutes autres
affaires cessantes & postposées, vous ayez
à vous transporter incontinẽt & sans delay,
vn où deux de vous par toutes les Eslectiõs
& Greniers à sel de l'estenduë de ladicte generallité de Roüen, qui seront eslongnez
de nostredicte Ville de Rouen de douze
lieuës où enuiron, pendãt que l'vn ou deux
de vous ferez en nostredite ville de Rouen,
les adjudications des autres Eslections plus
proches de nostredite ville, selon les departemens & ainsi que vous aduiserez entre
vous

vous, Laissans toutesfois à vostre disposition de vous transporter par toutes les eslections & Greniers à sel de ladicte Generallité de Roüen, y faire les adjudications de ce qui sera du ressort de chacune desdictes Eslections & Greniers à sel, où bien en telle ville que vous jugerez commode d'y faire les departemẽs & adjudications des parroisses de plusieurs Eslections & Greniers à sel, où les faire faire par vos subdeleguez, Le tout selõ que vous jugerez debuoir estre faict pour la commodité de ceux qui desireront se rendre adjudicataires desdicts offices, & pour empescher les monopolles qui se pourroient faire contre le bien de nostre seruice & aduancement de nos deniers, Et estãt besoing pour l'execution des presentes que vous ayez prés de vous vn Greffier qui soit versé en telles matieres, Nous deuëment informez de l'experience & suffisace de Maistre Nicolas de Planes Greffier de nostredicte Cour des Aydes, AVONS iceluy commis & depputé commettons & depputons en ladicte charge de Greffier, Et d'autant qu'il ne pourroit assister par tout, specialement lors que vous vous separerez & trauaillerez en diuers lieux : Luy auons donné & donnons pouuoir de commettre en icelle charge de Greffier prés de vous vn ou deux personnages capables, desquels il demeurera ciuillement responsable, Auquel de Planes & ses Commis, Presidens, Esleuz & autres officiers des Eslections, Grenetiers & Controlleurs desdicts Greniers à sel qui seront par vous employez, & desquels vous jugerez expedient de vous faire assister, & prendrez aduis sur les lieux : Huissiers, Sergens, & autres personnes qui trauailleront en vertu de vos ordonnances à l'effect & execution des presentes, Sera par vous où l'vn de vous faict taxe raisonnable de leurs escriptures, journées & vaccations, ainsi que vous aduiserez en vos loyautez & consciēces, à prendre sur le sold pour liure qui prouiendra de la vente & adjudication desdicts offices, & pour vos journées & vaccations, soing & dilligence, il en sera par nous faict taxe en nostre Conseil, attendant laquelle Nous vous permettons prēdre de ceux qui seront commis à la Recepte dudit sold pour liure telles sommes moderées que vous aduiserez, lesquelles vous serōt desduictes sur ladite taxe, de tout ce que dessus faire &

accomplir, circonstances & dependances, Vous auons donné & donnons plain pouuoir, commission & mandement special, MANDONS & commandons à tous nos Iusticiers officiers & subjects, que à vous en ce faisant ils obeissent, donnent confort & aide en ce que par vous il sera faict & ordonné, Comme aussi qu'ils ayent à vous laisser l'entrée libre en tous lieux de nos Iurisdictions esquelles vous jugerez à propos pour le bien de nostre seruice, de faire les adjudications desdicts offices, Et à tous Huissiers & Sergens faire pour l'execution de nostredict Edict & Arrestz donnez en execution d'iceluy, de vos ordonnances & des choses en dependans, tous exploicts, contrainctes & executions pource necessaires, sans demander congé, placet, visa, ne pareatis, nonobstant oppositions où appellations quelconques, prinse à partie & autres voyes quelconques & sans prejudice d'icelles, La congnoissance desquelles en ce qui concerne lesdictes adjudications & taxes qui seront par vous faictes seulement, Nous auons interdicte & deffenduë interdisons & deffendons à toutes nos Cours de Parlement &

des Aydes, Chambre de nos Comptes, & autres Iuges quelconques, & icelle reseruée a nous & a nostre Conseil, & pource que des presentes l'on pourra auoir affaire en diuers lieux : Nous voullons qu'au vidimus d'icelles faict soubz seel Royal, où collationné par l'vn de nos améz & feaux Conseillers, & Secretaires, foy soit adjoustée comme au present original, CAR TEL est nostre plaisir, Nonobstant aussi toutes ordonnances, restrinctions, Mandemens, deffences, prinse à partie, lettres, & toutes choses à ce contraires, & toutes autres Commissions quelconques qui pourroient auoir esté expediées pour ce subject ou choses en dependans à quelque personne que ce soit, Lesquelles nous auōs reuoquées & reuoquons par cesdictes presentes, Voullons & ordonnons quelles soient & demeurent nulles & de nul effect, Et à icelles auons expresſément derogé, ensemble aux derogatoires des derogatoires d'icelles par cesdictes presentes. DONNE' à Paris le dixiéme iour de Nouembre, l'an de grace mil six cens dixsept, Et de nostre regne le huictiesme. Signé, LOVIS. Et plus bas, Par le Roy. DE LOMENIE. Et seellé sur simple queuë du grand seel en cire jaune.

Et à costé est escript,

Registrées és Registres de la Cour des Aydes en Normandie, pour estre ces presentes executées par lesdicts Sieurs y desnommez, suiuant & conformément à l'Arrest de ladicte Cour, donné sur la verification dudict Edict & autres. De ce iourd'huy quatriesme iour de Decembre, mil six cens dixsept.

Signé, FOVBERT.

Collationné aux originaux, Par moy Conseiller Secretaire du Roy.

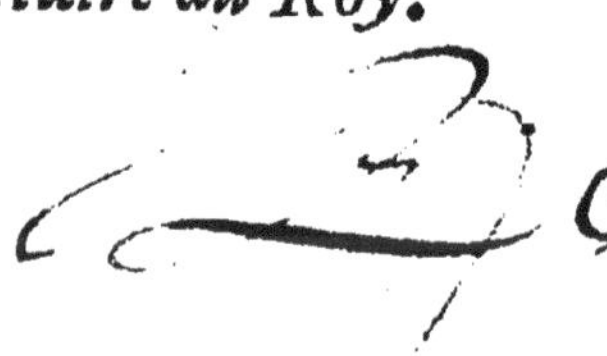

www.ingramcontent.com/pod-product-compliance
Ingram Content Group UK Ltd.
Pitfield, Milton Keynes, MK11 3LW, UK
UKHW021533260726
13993UKWH00004B/1966